PREHISTORIC FOSSILS ACTIVITY BOOK

FOR KIDS AGES 3-8

SCAN ME
Hello there!

Thank you for purchasing this Activity book. I am extremely grateful and hope you and your family enjoy it.

Please consider sharing it with friends or family and leaving a review online. Your feedback and support are always appreciated, and allow me to continue doing what I love.

Scan the QR code to check the rest of the collection and Leave a review.

This Book Belongs to

- - - - - - - - - -

COPYRIGHT©ZAGS PRESS ALL RIGHTS RESERVED.

```
O O Z R L N N Q K N I R J J B T
T F V B B I H S N R H M T K C Q
M O X M W S O R G A N I S M R J
C I R O T S I H E R P O U Q U X
Q C E Q Y R U A S O N I D Z X B
A S C E T A R B E T R E V F M G
R L X W Q X J O L G T T T G G U
J L E S D O Q D R S Y L N G R M
U M Q M D E S S E N C E S F Y P
T Q Z V R G W N K N S O A H B X
X K U W I C T N E I C N A C Q A
K T Y O L G P Z M F L I S S O F
K V V H G X Z H Q G Q X P F I G
W D K E I T Y X S G A R S D L I
E M F H W S I I W G U B J H T P
S M T J X C I T B B V M M B S I
```

PREHISTORIC
ESSENCES
DINOSAUR
VERTEBRATE
ORGANISM
FOSSIL
ANCIENT

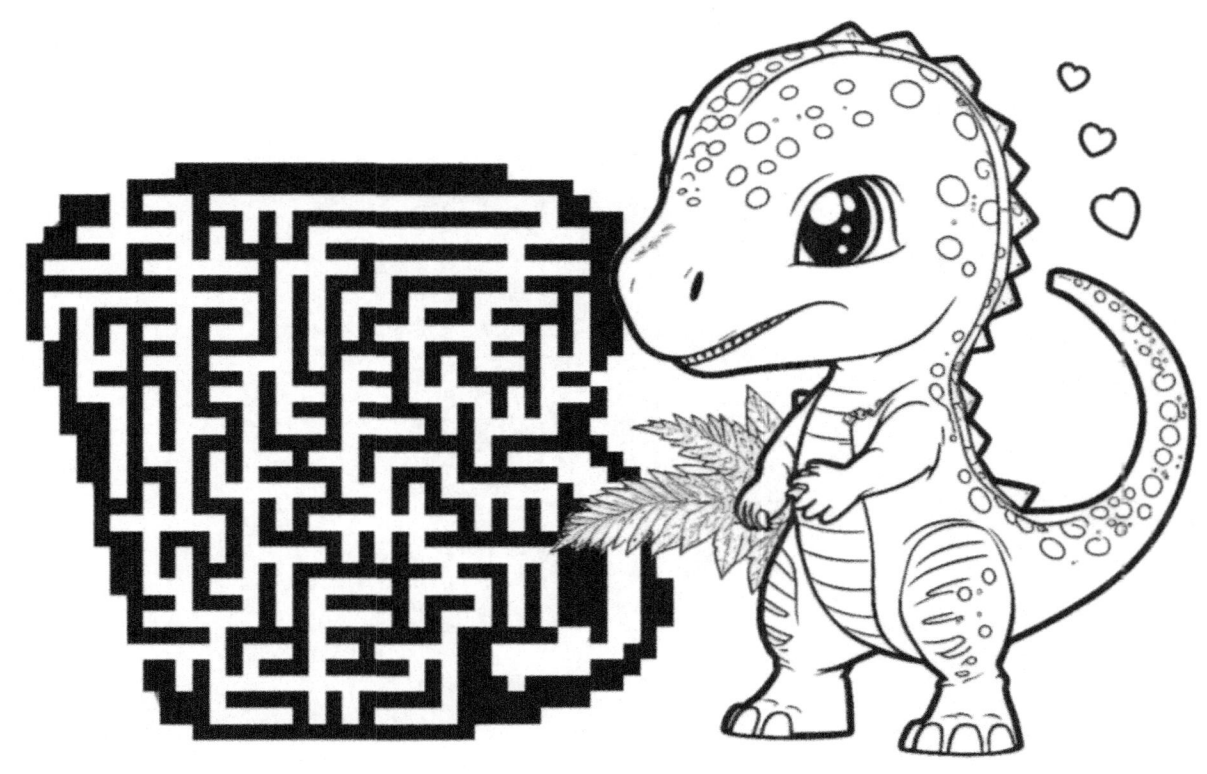

Addition Practice

1) 8 + ☐ = 12
2) 8 + ☐ = 13
3) 4 + ☐ = 6
4) 3 + ☐ = 11
5) 6 + ☐ = 12
6) 6 + ☐ = 11
7) 6 + ☐ = 9
8) 2 + ☐ = 5
9) 5 + ☐ = 10
10) 2 + ☐ = 6
11) 4 + ☐ = 11
12) 3 + ☐ = 10
13) 4 + ☐ = 13
14) 4 + ☐ = 8
15) 6 + ☐ = 12
16) 2 + ☐ = 11
17) 3 + ☐ = 11
18) 1 + ☐ = 8
19) 7 + ☐ = 13
20) 9 + ☐ = 10
21) 6 + ☐ = 13
22) 8 + ☐ = 10
23) 2 + ☐ = 11
24) 5 + ☐ = 8
25) 9 + ☐ = 13
26) 4 + ☐ = 11
27) 2 + ☐ = 4
28) 1 + ☐ = 3
29) 5 + ☐ = 8
30) 8 + ☐ = 11
31) 8 + ☐ = 13
32) 6 + ☐ = 11
33) 6 + ☐ = 12
34) 7 + ☐ = 12
35) 8 + ☐ = 9
36) 3 + ☐ = 12
37) 6 + ☐ = 7
38) 7 + ☐ = 16
39) 3 + ☐ = 11
40) 3 + ☐ = 12
41) 7 + ☐ = 9
42) 4 + ☐ = 12
43) 7 + ☐ = 12
44) 3 + ☐ = 5
45) 6 + ☐ = 7
46) 3 + ☐ = 10
47) 3 + ☐ = 12
48) 4 + ☐ = 9

Finish the Image, then Color

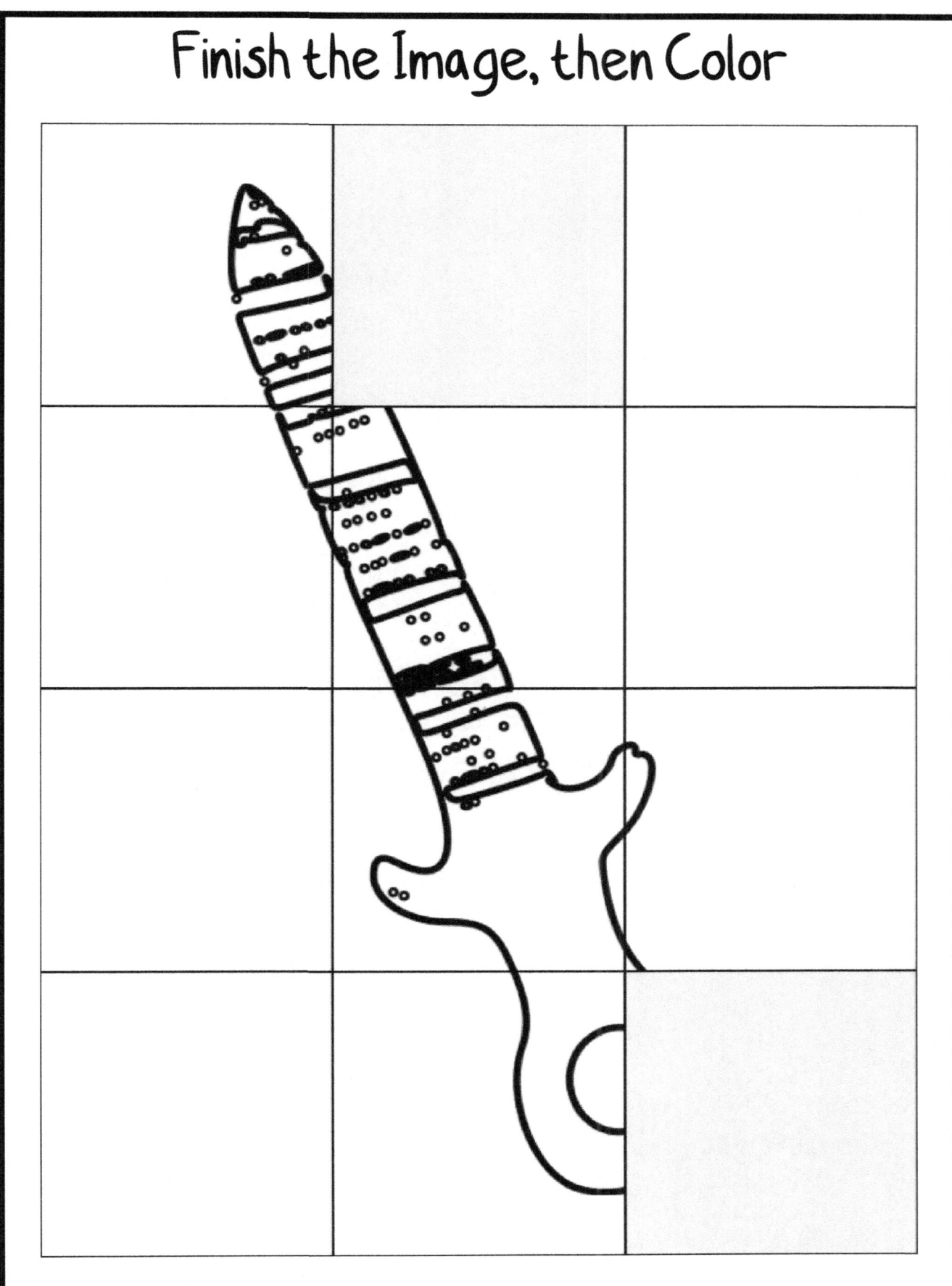

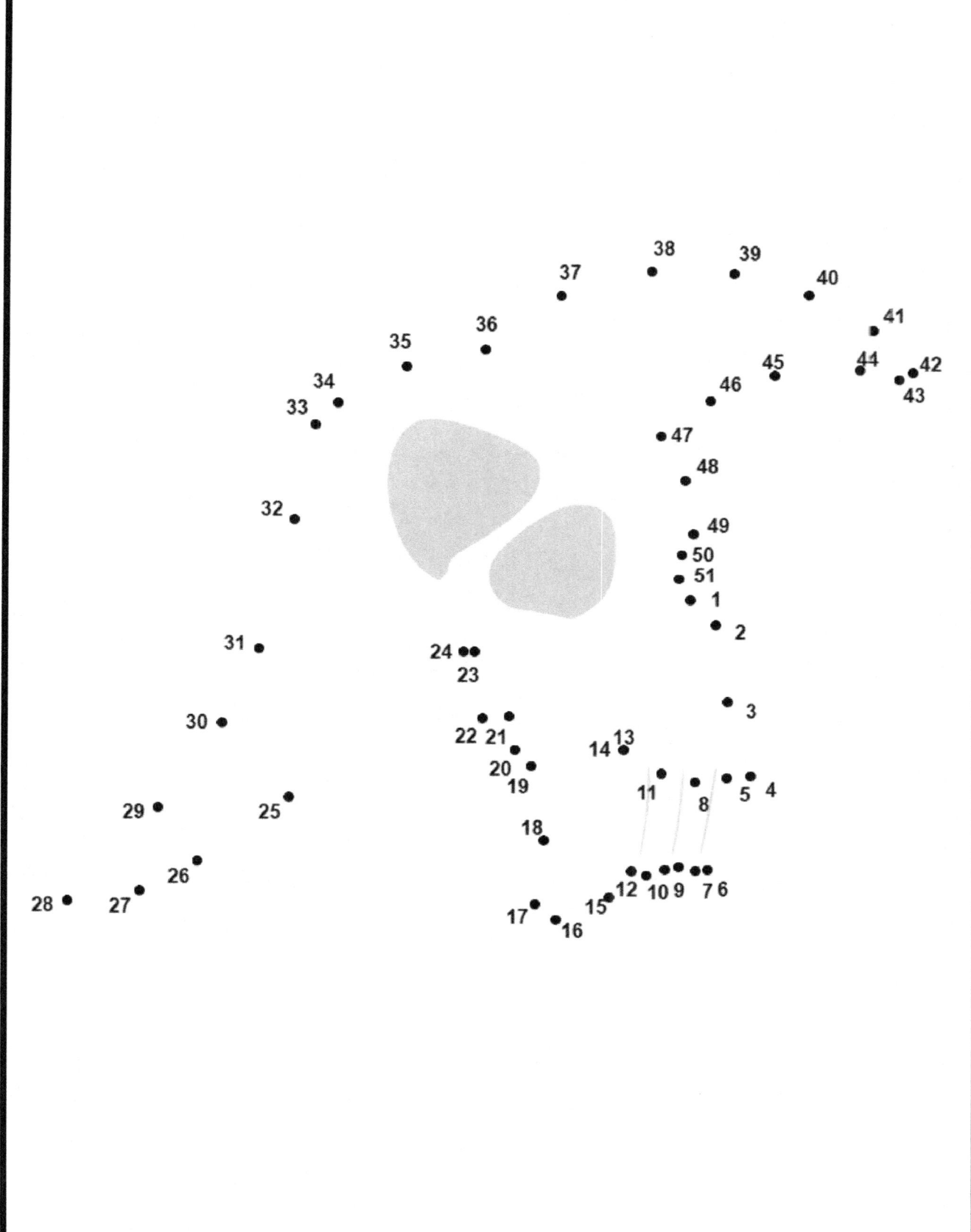

Addition Practice

1) 5 + ☐ = 12
2) 3 + ☐ = 6
3) 6 + ☐ = 7
4) 8 + ☐ = 14
5) 8 + ☐ = 14
6) 9 + ☐ = 14
7) 3 + ☐ = 10
8) 9 + ☐ = 10
9) 4 + ☐ = 12
10) 1 + ☐ = 3
11) 6 + ☐ = 10
12) 8 + ☐ = 15
13) 9 + ☐ = 16
14) 1 + ☐ = 2
15) 9 + ☐ = 11
16) 4 + ☐ = 6
17) 9 + ☐ = 11
18) 4 + ☐ = 12
19) 7 + ☐ = 8
20) 9 + ☐ = 17
21) 1 + ☐ = 8
22) 2 + ☐ = 8
23) 2 + ☐ = 6
24) 6 + ☐ = 7
25) 3 + ☐ = 8
26) 3 + ☐ = 12
27) 5 + ☐ = 10
28) 3 + ☐ = 12
29) 5 + ☐ = 8
30) 5 + ☐ = 8
31) 6 + ☐ = 7
32) 3 + ☐ = 12
33) 3 + ☐ = 10
34) 5 + ☐ = 12
35) 2 + ☐ = 7
36) 9 + ☐ = 17
37) 2 + ☐ = 10
38) 5 + ☐ = 6
39) 7 + ☐ = 11
40) 5 + ☐ = 8
41) 3 + ☐ = 5
42) 9 + ☐ = 17
43) 8 + ☐ = 9
44) 2 + ☐ = 4
45) 9 + ☐ = 12
46) 6 + ☐ = 8
47) 3 + ☐ = 7
48) 3 + ☐ = 12

```
I U G H R G F U X L Z J T F V X
Z N R C R X D O N M A S F Q D C
U H P A O A K B S Z I L A N A R
M N X V I J O R P S F P U K A J
A O D T T N Z E J H I M D B T P
B B H G E T L Y Z E W L P Q G T
U R A S L U F Q V S G M I U K K
F A Q C T K S O S L T F S Z V L
T C Z Z J A L T G Y X Q V A E S
K Y E F F U G T C N N S X X J D
T W M O T J L E E U O P Z U F K
G R F I G G C I S S A R U J L F
J P O P V Y Z Q H C K Q J D S C
K N B X E V O O K Y T E O X X V
C O A N T U K T B S F T T F O J
E S E I C E P S L L A M I N A C
```

JURASCIC
BONES
EVOLUTION
ANIMAL
FOSSILIZED
SPECIES
CARBON

Subtraction Practice

1) 7 − ☐ = 0
2) 8 − ☐ = 3
3) 6 − ☐ = 1
4) 2 − ☐ = 1
5) 7 − ☐ = 5
6) 8 − ☐ = 5
7) 5 − ☐ = 2
8) 7 − ☐ = 3
9) 3 − ☐ = 1
10) 6 − ☐ = 5
11) 7 − ☐ = 3
12) 6 − ☐ = 4
13) 6 − ☐ = 5
14) 6 − ☐ = 2
15) 7 − ☐ = 0
16) 8 − ☐ = 1
17) 5 − ☐ = 2
18) 7 − ☐ = 3
19) 7 − ☐ = 4
20) 1 − ☐ = 0
21) 5 − ☐ = 4
22) 8 − ☐ = 5
23) 7 − ☐ = 0
24) 9 − ☐ = 8
25) 4 − ☐ = 2
26) 9 − ☐ = 4
27) 7 − ☐ = 2
28) 6 − ☐ = 1
29) 6 − ☐ = 0
30) 5 − ☐ = 3
31) 5 − ☐ = 3
32) 4 − ☐ = 3
33) 7 − ☐ = 1
34) 7 − ☐ = 2
35) 5 − ☐ = 2
36) 2 − ☐ = 1
37) 9 − ☐ = 7
38) 9 − ☐ = 1
39) 9 − ☐ = 1
40) 9 − ☐ = 2
41) 5 − ☐ = 4
42) 4 − ☐ = 1
43) 6 − ☐ = 2
44) 5 − ☐ = 2
45) 9 − ☐ = 5
46) 6 − ☐ = 0
47) 8 − ☐ = 6
48) 5 − ☐ = 4

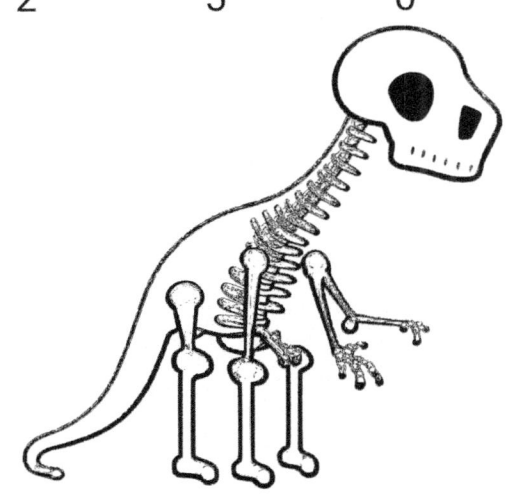

Which image is the odd one out?

ISPY

How many do you see?

```
M K T Y R E G C H J A H E Y E W
E N E X K C G R E P T I L E S P
E T M X K U Z I Q K H Z F X B N
G A B O C X U E X V C Y Z Y X K
F M U Q H X X G J M D O Z U U H
W J F F O S S I L S A R B J A
Z E O I T M Y A V E Z K U Z N Y
Z N G Z U G I J T E M Z N D B
W O W E U S V S T C A F I T R A
D T L N C Y D R N M X F D O S M
K S B G X F P X M L L W V Q Z O
P E R M S I N A G R O O R C I M
V M Q G M F L G V G T R Q P I M
K I T F H R H S H X X Q E Z H M
O L O Z F I N A X N O H F F V T
T R H O A V B I V Q K S Q U Y Z
```

ROCK
MICROORGANISM
REPTILES
MAMMAL
FOSSILS
ARTIFACTS
LIMESTONE

Finish the Image, then color

Which image is the odd one out?

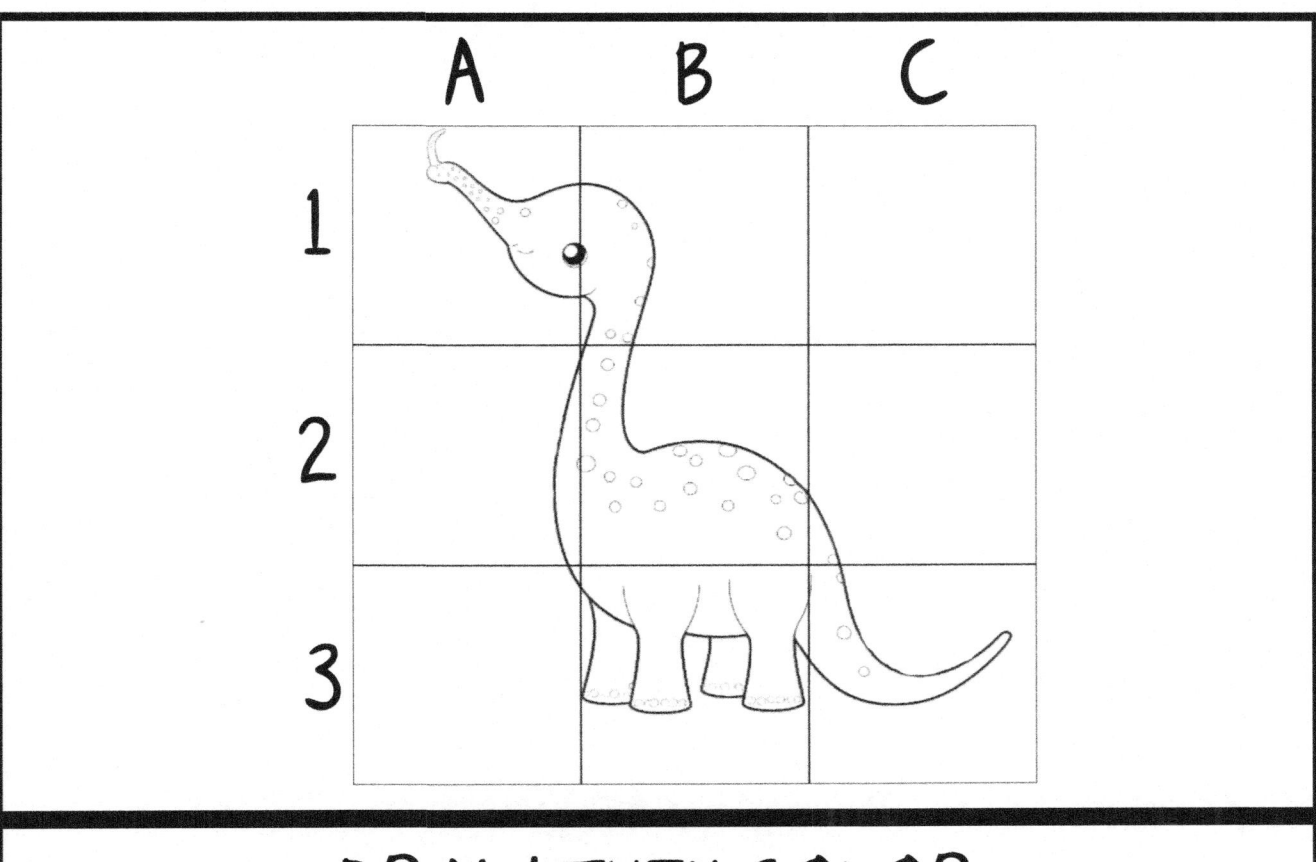

DRAW THEN COLOR

Subtraction Practice

1) 8 − ☐ = 7
2) 5 − ☐ = 4
3) 6 − ☐ = 0
4) 9 − ☐ = 7
5) 9 − ☐ = 6
6) 6 − ☐ = 0
7) 8 − ☐ = 1
8) 6 − ☐ = 1
9) 5 − ☐ = 2
10) 5 − ☐ = 0
11) 8 − ☐ = 7
12) 8 − ☐ = 5
13) 5 − ☐ = 3
14) 2 − ☐ = 1
15) 4 − ☐ = 2
16) 9 − ☐ = 8
17) 6 − ☐ = 3
18) 8 − ☐ = 5
19) 9 − ☐ = 8
20) 5 − ☐ = 1
21) 9 − ☐ = 2
22) 7 − ☐ = 3
23) 8 − ☐ = 3
24) 8 − ☐ = 3
25) 8 − ☐ = 0
26) 7 − ☐ = 4
27) 1 − ☐ = 0
28) 9 − ☐ = 0
29) 2 − ☐ = 1
30) 6 − ☐ = 4
31) 3 − ☐ = 0
32) 7 − ☐ = 0
33) 5 − ☐ = 3
34) 4 − ☐ = 1
35) 9 − ☐ = 2
36) 6 − ☐ = 2
37) 7 − ☐ = 0
38) 5 − ☐ = 3
39) 8 − ☐ = 7
40) 7 − ☐ = 4
41) 5 − ☐ = 1
42) 7 − ☐ = 4
43) 6 − ☐ = 3
44) 7 − ☐ = 4
45) 9 − ☐ = 6
46) 5 − ☐ = 4
47) 9 − ☐ = 7
48) 9 − ☐ = 4

ISPY

How many do you see?

```
G K U M U I U M H K S I J I U D
J S B S V T C D E T A V A C X E
S F F O U E G J F V E L L N W K
P O C N C A Y N S H P I D B S M
J H I O H P W M F D I X K N U H
O W G X A E I E D W X H I S V K
F V N O P N C K Z X E A E I F S
K W J E E Y E R P M U W L H W
A N S R U V D T J E M R Q U S E
P L A F M H S E R D H G P Z R P
A L I F X O L R D V O C M V A V
S G Q O B A X T L M W F E K S I
W M A M M O T H S F I J P S Z S
V I Y E T A Q C A R V I N G S C
A W A R C H A E O L O G I S T S
W H U F H X C W W W S T S S N A
```

MAMMOTHS
REMAINS
ARCHAEOLOGISTS
MINERALS
CARVINGS
MUSEUM
EXCAVATED

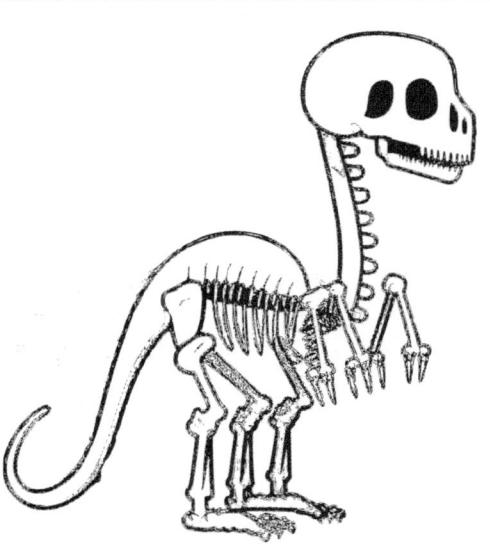

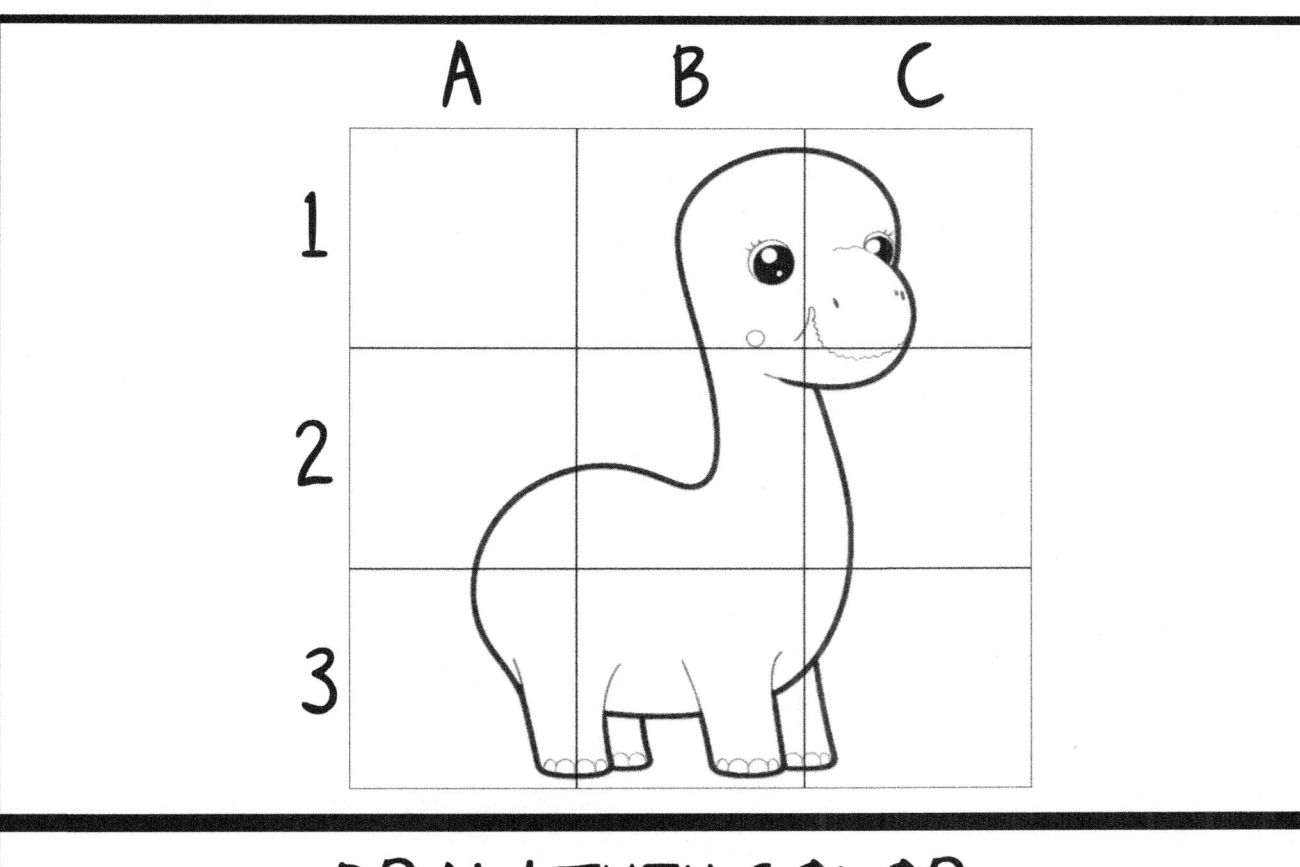

DRAW THEN COLOR

ISPY

How many do you see?

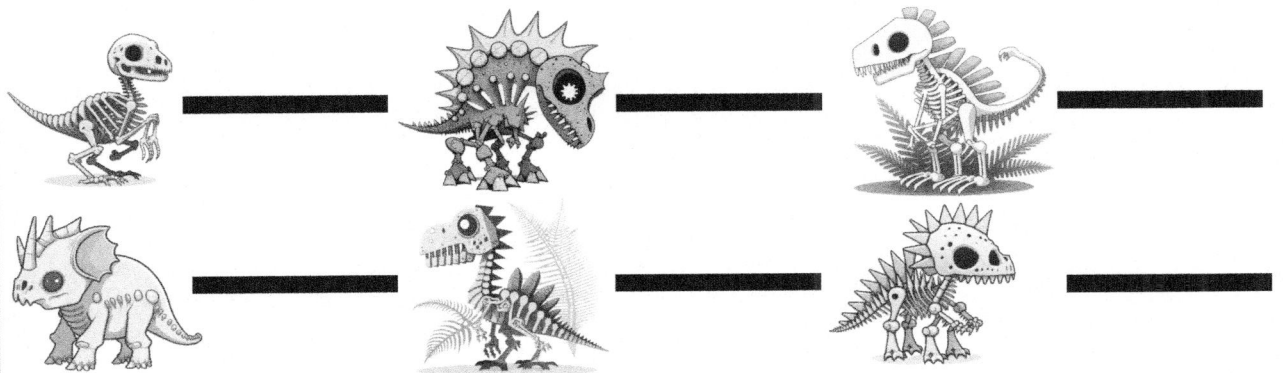

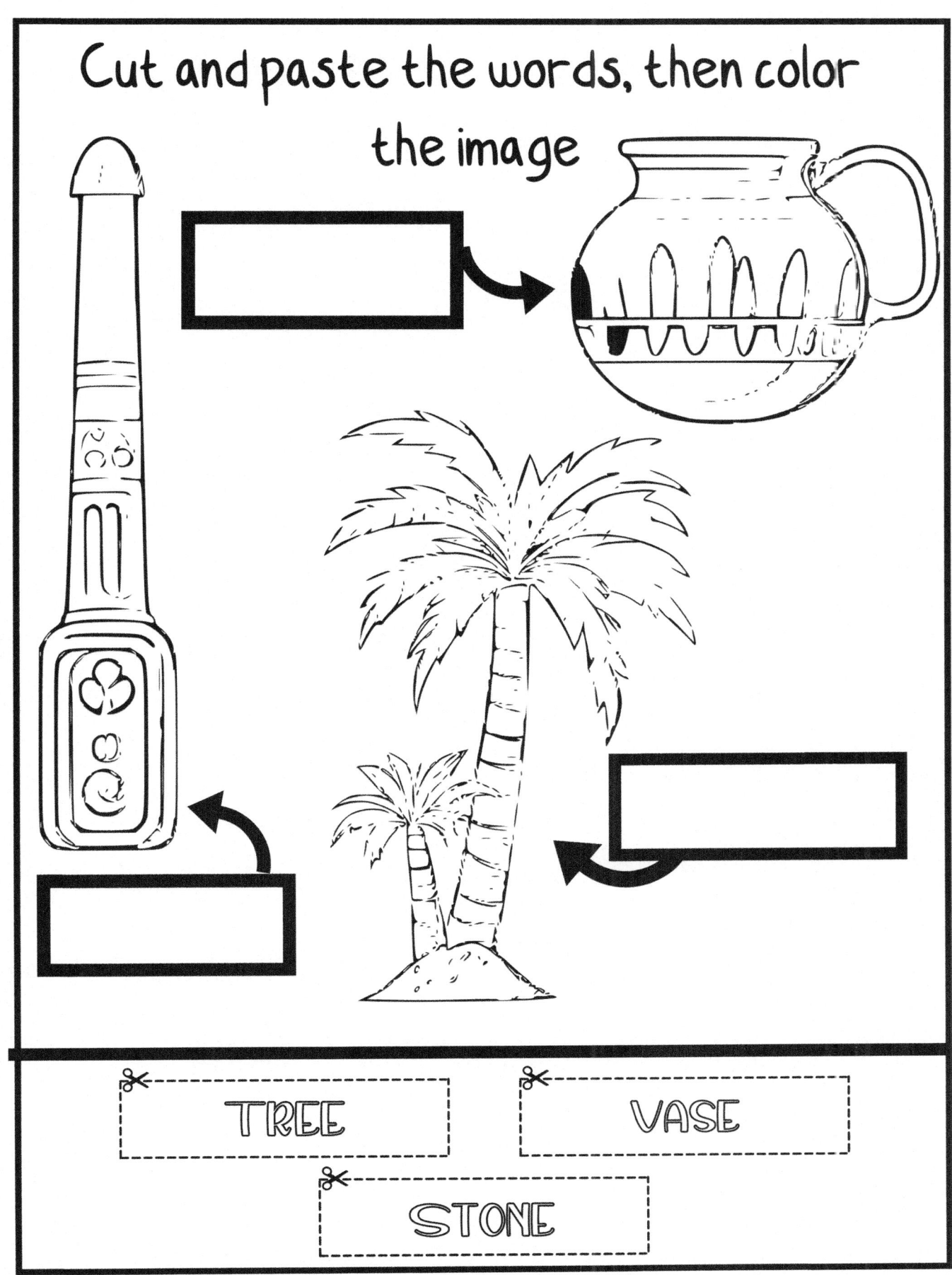

Which image is the odd one out?

```
P H D U M L O L E M H R R H D Z
J S H Z F L L Q B N C I O V Y R
C C W X Y J N U X Z C R R U R F
U S R Q S W R Z Y F T T I Z U C
U G K L F M V S S K E L E T O N
X I E X A E Z J X F I X T V A K
Q O N A I C A V E S Z U F R U K
G P O T C N I T X E B L C X Y P
I E T W G G A M O I L H M V R Y
I Z S L P I O Q W K A S H I I X
T F W C X I K W D E X G M M W Y
U J J T N U R Q O R S E C L X N
S K B K I I O L W U V M S X B G
K J H W Q E O P S A R O G W B N
L I W R F G D H L Y V O T X X W
N S Q C Y N V Z W C H C L Y S X
```

ARCHAEOLOGY
SKELETON
TUSK
CAVES
EXTINCT
PRIMEVAL
STONE

Cut and paste the words, then color the image

SWORD   HUNTER   HELMET

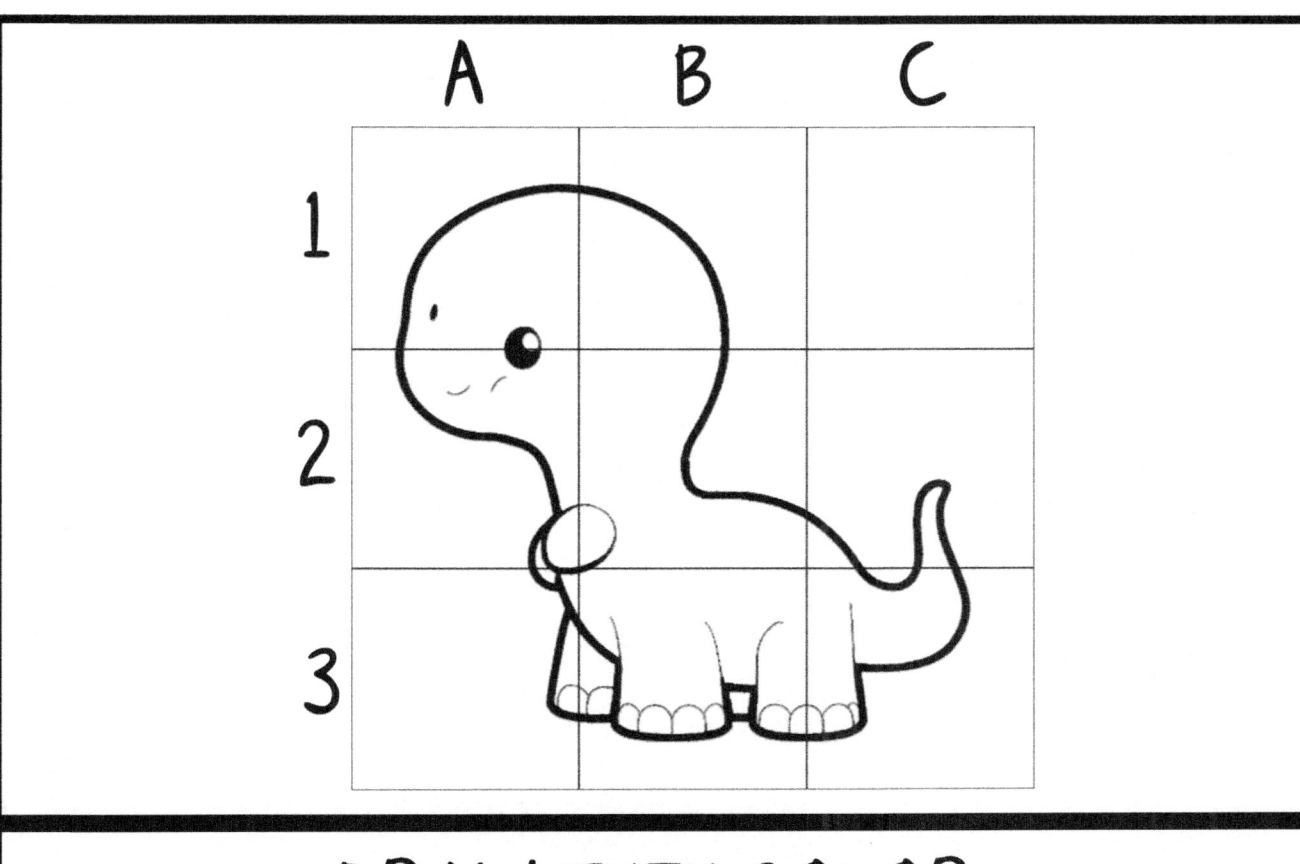

DRAW THEN COLOR

Finish the Image, then color

I hope you have enjoyed this Activity book.
i have a favor to ask you and it would mean the world for me as a publisher.
would you be kind enough to leave this book a review on amazon review page.

Thank you!

SCAN ME

MAZE Solutions

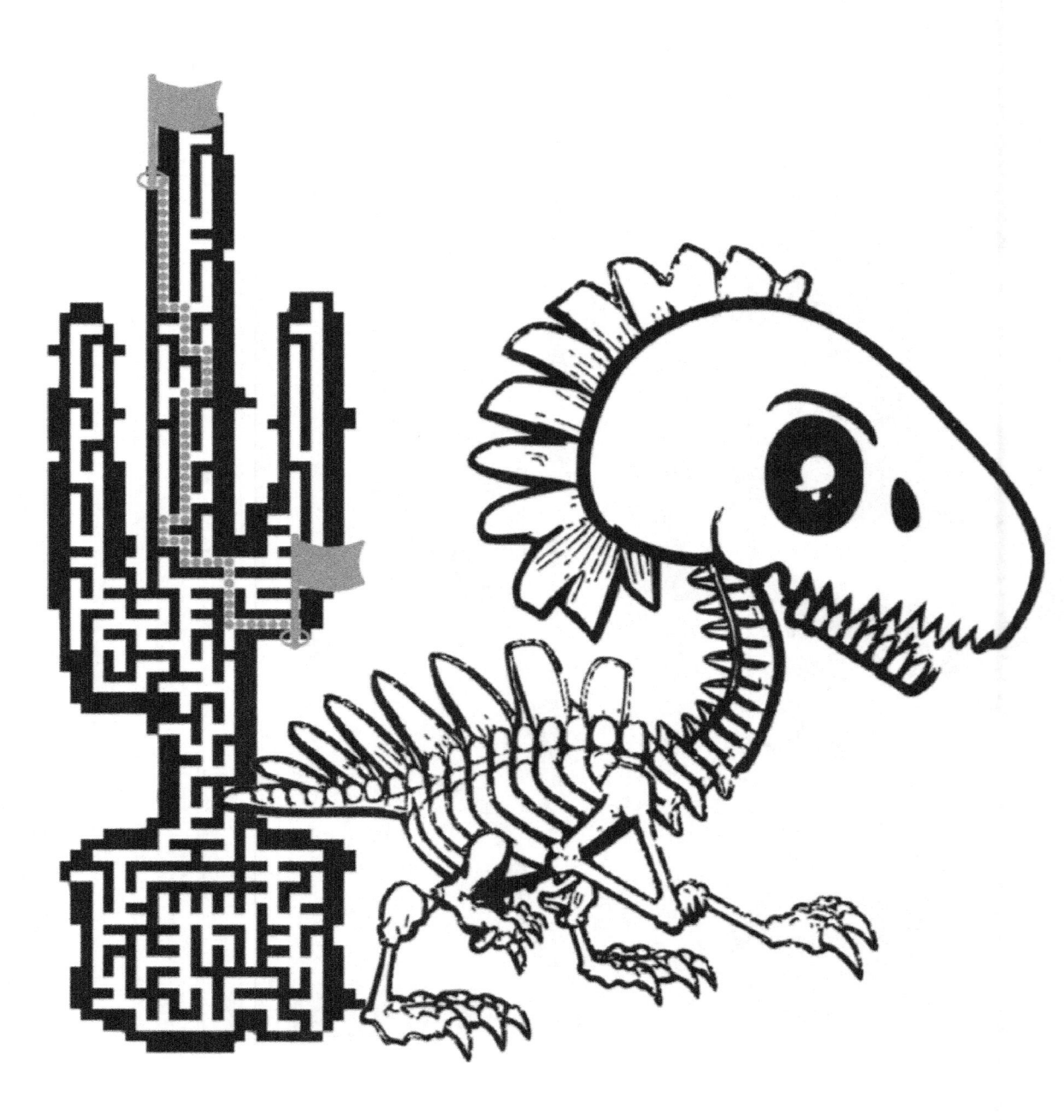

Odd one out

Solutions

Which image is the odd one out?

Which image is the odd one out?

Which image is the odd one out?

ISPY
Solutions

ISPY

How many do you see?

3   5   6

7   5   2

ISPY

How many do you see?

ISPY

How many do you see?

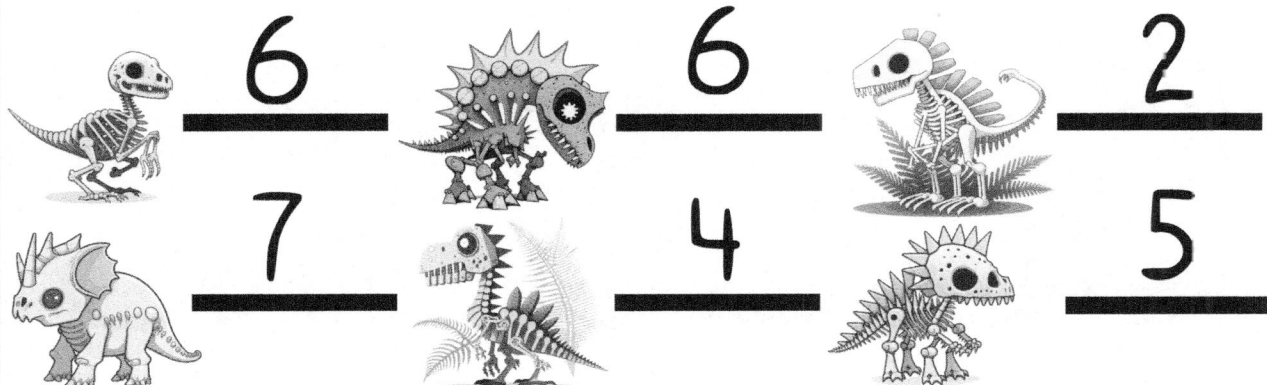

```
O O Z R L N N Q K N I R J J B T
T F V B B I H S N R H M T K C Q
M O X M W S O R G A N I S M R J
  C I R O T S I H E R P O U Q U
Q C E Q Y R U A S O N I D Z X B
A S C E T A R B E T R E V F M G
R L X W Q X J O L G T T T G G U
J L E S D O Q D R S Y L N G R M
U M Q M D E S S E N C E S F Y P
T Q Z V R G W N K N S O A H B X
X K U W I C T N E I C N A C Q A
K T Y O L G P Z M F L I S S O F
K V H G H Z H Q G Q X P F I G
W D K E I T Y X S G A R S D L I
E M F H W S I I W G U B J H T P
S M T J X C I T B B V M M B S I
```

```
I U G H R G F U X L Z J T F V X
Z N R C R X D O N M A S F Q D C
U H P A O A K B S Z I L A N A R
M N X V I J O R P S F P U K A J
A O D T T N Z E J H I M D B T P
B B H G E T L Y Z E W L P Q G T
U R A S L U F Q V S G M I U K K
F A Q C T K S O S L T F S Z V L
T C Z Z J A L T G Y X Q V A E S
K Y E F F U G T C N N S X X J D
T W M O T J L E E U O P Z U F K
G R F I G G C I S S A R U J L F
J P O P V Y Z Q H C K Q J D S C
K N B X E V O O K Y T E O X X V
C O A N T U K T B S F T T F O J
E S E I C E P S L A M I N A C
```

M	K	T	Y	R	E	G	C	H	J	A	H	E	Y	E	W
E	N	E	X	K	C	G	R	E	P	T	I	L	E	S	P
E	T	M	X	K	U	Z	I	Q	K	H	Z	F	X	B	N
G	A	B	O	C	X	U	E	X	V	C	Y	Z	Y	X	K
F	M	U	Q	H	X	X	G	J	M	D	O	Z	U	U	H
W	J	F	F	O	S	S	I	L	S	L	A	R	B	J	A
Z	E	O	I	T	M	Y	A	V	E	Z	K	U	Z	N	Y
Z	N	G	Z	U	G	I	J	T	T	E	M	Z	N	D	B
W	O	W	E	U	S	V	S	T	C	A	F	I	T	R	A
D	T	L	N	C	Y	D	R	N	M	X	F	D	O	S	M
K	S	B	G	X	F	P	X	M	L	L	W	V	Q	Z	O
P	E	R	M	S	I	N	A	G	R	O	O	R	C	I	M
V	M	Q	G	M	F	L	G	V	G	T	R	Q	P	I	M
K	I	T	F	H	R	H	S	H	X	X	Q	E	Z	H	M
O	L	O	Z	F	I	N	A	X	N	O	H	F	F	V	T
T	R	H	O	A	V	B	I	V	Q	K	S	Q	U	Y	Z

```
G K U M U I U M H K S I J I U D
J S B S V T C D E T A V A C X E
S F F O U E G J F V E L L N W K
P O C N C A Y N S H P I D B S M
J H I O H P W M F D I X K N U H
O W G X A E I E D W X H I S V K
F V N O P N C K Z X E A E I F S
K W J E E Y E R P P M U W L H W
A N S R U V D T J E M R Q U S E
P L A F M H S E R D H G P Z R P
A L I F X O L R D V O C M V A V
S G Q O B A X T L M W F E K S I
W M A M M O T H S F I J P S Z S
V I Y E T A Q C A R V I N G S C
A W A R C H A E O L O G I S T S
W H U F H X C W W W S T S S N A
```

P	H	D	U	M	L	O	L	E	M	H	R	R	H	D	Z
J	S	H	Z	F	L	L	Q	B	N	C	I	O	V	Y	R
C	C	W	X	Y	J	N	U	X	Z	C	R	R	U	V	F
U	S	R	Q	S	W	R	Z	Y	F	T	T	I	Z	U	C
U	G	K	L	F	M	V	S	S	K	E	L	E	T	O	N
X	I	E	X	A	E	Z	J	X	F	I	X	T	V	A	K
Q	O	N	A	I	C	A	V	E	S	Z	U	F	R	U	K
G	P	O	T	C	N	I	T	X	E	B	L	C	X	Y	P
I	E	T	W	G	G	A	M	O	I	L	H	M	V	R	Y
I	Z	S	L	P	I	O	Q	W	K	A	S	H	I	I	X
T	F	W	C	X	I	K	W	D	E	X	G	M	X	W	Y
U	J	J	T	N	U	R	Q	O	R	S	E	C	L	X	N
S	K	B	K	I	I	O	L	W	U	V	M	S	X	B	G
K	J	H	W	Q	E	O	P	S	A	R	O	G	W	B	N
L	I	W	R	F	G	D	H	L	Y	V	O	T	X	W	W
N	S	Q	C	Y	N	V	Z	W	C	H	C	L	Y	S	X

Scissors skills

Solutions

Cut and paste the words, then color the image

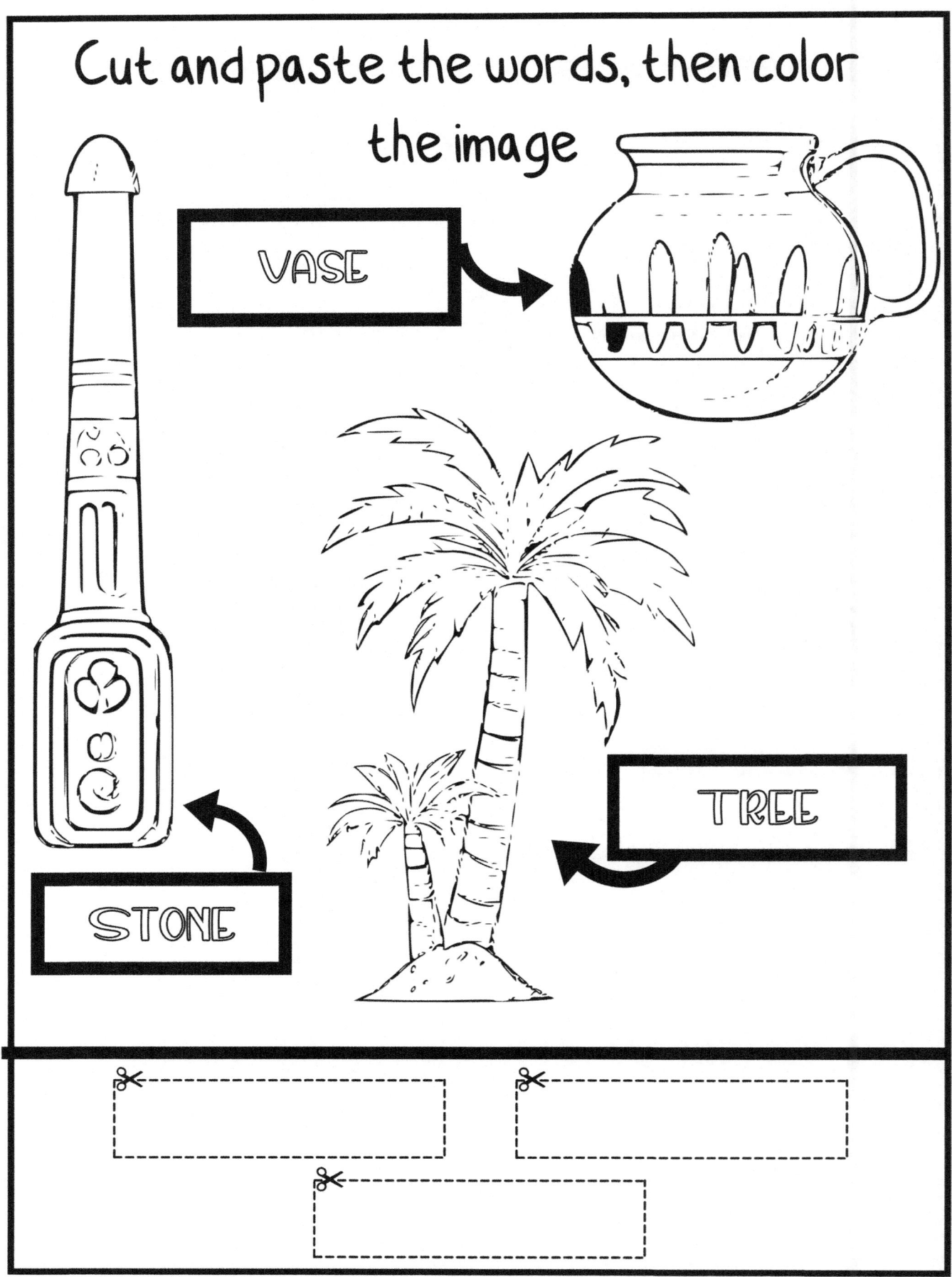

Math Solutions

1) 7 − [7] = 0
2) 8 − [5] = 3
3) 6 − [5] = 1
4) 2 − [1] = 1
5) 7 − [2] = 5
6) 8 − [3] = 5
7) 5 − [3] = 2
8) 7 − [4] = 3
9) 3 − [2] = 1
10) 6 − [1] = 5
11) 7 − [4] = 3
12) 6 − [2] = 4
13) 6 − [1] = 5
14) 6 − [4] = 2
15) 7 − [7] = 0
16) 8 − [7] = 1
17) 5 − [3] = 2
18) 7 − [4] = 3
19) 7 − [3] = 4
20) 1 − [1] = 0
21) 5 − [1] = 4
22) 8 − [3] = 5
23) 7 − [7] = 0
24) 9 − [1] = 8
25) 4 − [2] = 2
26) 9 − [5] = 4
27) 7 − [5] = 2
28) 6 − [5] = 1
29) 6 − [6] = 0
30) 5 − [2] = 3
31) 5 − [2] = 3
32) 4 − [1] = 3
33) 7 − [6] = 1
34) 7 − [5] = 2
35) 5 − [3] = 2
36) 2 − [1] = 1
37) 9 − [2] = 7
38) 9 − [8] = 1
39) 9 − [8] = 1
40) 9 − [7] = 2
41) 5 − [1] = 4
42) 4 − [3] = 1
43) 6 − [4] = 2
44) 5 − [3] = 2
45) 9 − [4] = 5
46) 6 − [6] = 0
47) 8 − [2] = 6
48) 5 − [1] = 4

1) 8 − 1 = 7
2) 5 − 1 = 4
3) 6 − 6 = 0
4) 9 − 2 = 7
5) 9 − 3 = 6
6) 6 − 6 = 0
7) 8 − 7 = 1
8) 6 − 5 = 1
9) 5 − 3 = 2
10) 5 − 5 = 0
11) 8 − 1 = 7
12) 8 − 2 = 6
13) 5 − 2 = 3
14) 2 − 1 = 1
15) 4 − 2 = 2
16) 9 − 1 = 8
17) 6 − 3 = 3
18) 8 − 3 = 5
19) 9 − 1 = 8
20) 5 − 4 = 1
21) 9 − 7 = 2
22) 7 − 4 = 3
23) 8 − 5 = 3
24) 8 − 5 = 3
25) 8 − 8 = 0
26) 7 − 3 = 4
27) 1 − 1 = 0
28) 9 − 9 = 0
29) 2 − 1 = 1
30) 6 − 2 = 4
31) 3 − 3 = 0
32) 7 − 7 = 0
33) 5 − 2 = 3
34) 4 − 3 = 1
35) 9 − 7 = 2
36) 6 − 4 = 2
37) 7 − 7 = 0
38) 5 − 2 = 3
39) 8 − 1 = 7
40) 7 − 3 = 4
41) 5 − 4 = 1
42) 7 − 3 = 4
43) 6 − 3 = 3
44) 7 − 3 = 4
45) 9 − 3 = 6
46) 5 − 1 = 4
47) 9 − 2 = 7
48) 9 − 5 = 4

1) 8 + 4 = 12
2) 8 + 5 = 13
3) 4 + 2 = 6
4) 3 + 8 = 11
5) 6 + 6 = 12
6) 6 + 5 = 11
7) 6 + 3 = 9
8) 2 + 3 = 5
9) 5 + 5 = 10
10) 2 + 4 = 6
11) 4 + 7 = 11
12) 3 + 7 = 10
13) 4 + 9 = 13
14) 4 + 4 = 8
15) 6 + 6 = 12
16) 2 + 9 = 11
17) 3 + 8 = 11
18) 1 + 7 = 8
19) 7 + 6 = 13
20) 9 + 1 = 10
21) 6 + 7 = 13
22) 8 + 2 = 10
23) 2 + 9 = 11
24) 5 + 3 = 8
25) 9 + 4 = 13
26) 4 + 7 = 11
27) 2 + 2 = 4
28) 1 + 2 = 3
29) 5 + 3 = 8
30) 8 + 3 = 11
31) 8 + 5 = 13
32) 6 + 5 = 11
33) 6 + 6 = 12
34) 7 + 5 = 12
35) 8 + 1 = 9
36) 3 + 9 = 12
37) 6 + 1 = 7
38) 7 + 9 = 16
39) 3 + 8 = 11
40) 3 + 9 = 12
41) 7 + 2 = 9
42) 4 + 8 = 12
43) 7 + 5 = 12
44) 3 + 2 = 5
45) 6 + 1 = 7
46) 3 + 7 = 10
47) 3 + 9 = 12
48) 4 + 5 = 9

1) 5 + [7] = 12
2) 3 + [3] = 6
3) 6 + [1] = 7
4) 8 + [6] = 14
5) 8 + [6] = 14
6) 9 + [5] = 14
7) 3 + [7] = 10
8) 9 + [1] = 10
9) 4 + [8] = 12
10) 1 + [2] = 3
11) 6 + [4] = 10
12) 8 + [7] = 15
13) 9 + [7] = 16
14) 1 + [1] = 2
15) 9 + [2] = 11
16) 4 + [2] = 6
17) 9 + [2] = 11
18) 4 + [8] = 12
19) 7 + [1] = 8
20) 9 + [8] = 17
21) 1 + [7] = 8
22) 2 + [6] = 8
23) 2 + [4] = 6
24) 6 + [1] = 7
25) 3 + [5] = 8
26) 3 + [9] = 12
27) 5 + [5] = 10
28) 3 + [9] = 12
29) 5 + [3] = 8
30) 5 + [3] = 8
31) 6 + [1] = 7
32) 3 + [9] = 12
33) 3 + [7] = 10
34) 5 + [7] = 12
35) 2 + [5] = 7
36) 9 + [8] = 17
37) 2 + [8] = 10
38) 5 + [1] = 6
39) 7 + [4] = 11
40) 5 + [3] = 8
41) 3 + [2] = 5
42) 9 + [8] = 17
43) 8 + [1] = 9
44) 2 + [2] = 4
45) 9 + [3] = 12
46) 6 + [2] = 8
47) 3 + [4] = 7
48) 8 + [4] = 12

Printed in Great Britain
by Amazon